REMARQUES

SUR LES

ANCIENS JEUX DES MYSTERES,

FAITES

A L'OCCASION DE DEUX DÉLIBÉRATIONS INÉDITES PRISES PAR LE CONSEIL DE VILLE DE GRENOBLE, EN 1535, RELATIVEMENT A L'UN DE CES JEUX,

Par M. BERRIAT-SAINT-PRIX ;

LUES A LA SOCIÉTÉ ROYALE DES ANTIQUAIRES DE FRANCE, LES 30 DÉCEMBRE 1822 ET 20 JANVIER 1823; ET INSÉRÉES, EN VERTU DE SES DÉLIBÉRATIONS, DANS LE TOME CINQUIÈME DE SES MÉMOIRES.

PARIS,

DE L'IMPRIMERIE DE J. SMITH.

1823.

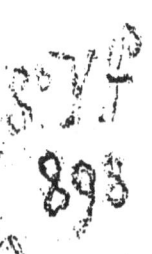

REMARQUES

ANCIENS JEUX DES MYSTÈRES,

Faites à l'occasion de deux délibérations inédites prises par le
conseil de ville de Grenoble, en 1535, relativement à l'un
de ces jeux.

———

Tout le monde connaît les beaux vers où le législateur de notre Parnasse esquisse à grands traits l'histoire du théâtre français à son origine.

> Chez nos dévots aïeux, le théâtre abhorré
> Fut long-temps dans la France un plaisir ignoré.
> De pèlerins, dit-on, une troupe grossière,
> En public, à Paris, y monta la première,
> Et, sottement zélée en sa simplicité,
> Joua les Saints, la Vierge et Dieu par piété.
> Le Savoir, à la fin, dissipant l'Ignorance,
> Fit voir de ce projet la dévote imprudence.
> On chassa ces docteurs prêchant sans mission ;
> On vit renaître Hector, Andromaque, Ilion.
>
> *Art poét.*, ch. 3, vers 81 et suiv.

Il semblerait, par ces vers, que les mystères n'aient jamais été joués que par des pèlerins, et que leurs représentations aient cessé lorsqu'on les défendit à ces docteurs sans mission. Les recherches curieuses publiées sur la même histoire par les frères Parfait, cinquante années après le chef-d'œuvre de Boileau, ont

1*

démontré qu'il était dans l'erreur, ou plutôt qu'il ne fallait pas en quelque sorte prendre ses expressions à la lettre; car il est possible que, pour donner plus de précision et de force à son récit, il ait jugé à propos de ne point parler des successeurs des pèlerins.

Ils en eurent en effet, comme nous le voyons dans l'ouvrage déjà cité. Des artisans de la capitale, tels que des courtiers de chevaux, des maçons, des paveurs, se réunirent pour le même objet, vers la fin du 14° siècle, et, après quelques obstacles, furent autorisés, en 1402, par Charles VI, à former une société régulière, sous le titre de *Confrères de la Passion*. Cette société eut successivement plusieurs théâtres sur lesquels elle représenta des mystères jusques en 1548, époque où le parlement de Paris les défendit. Voyez *Histoire du Théâtre français*, *Paris*, T. I, 1734, *p. xj* (*de la préface*), 43, 44, 53, 56 *et* 61.

Dans d'autres lieux, il n'y avait pas, à la vérité, comme à Paris, de société permanente, mais il s'en formait de temporaires pour les mêmes représentations; et aux artisans se joignaient quelquefois des ecclésiastiques du second ordre; à Metz et à Angers, par exemple, où un curé et un chanoine jouèrent le rôle principal en 1437 et 1486 (1). Enfin on cite d'autres représentations passagères données par de sem-

(1) Ce fut aussi un chanoine qui le joua à Lille, en 1416. Voyez *Hist. de Lille*, par M. (l'abbé Montlinot), 1764, pag. 337.

blables sociétés, à la fin du 15e ou au commencement du 16e siècle, à Lyon, à Rouen, et surtout dans les villes du Poitou et des environs, telles que Poitiers, Saint-Maixent, Doué, Langest, Saint-Espain, Saumur, Montmorillon, Bourges, Tours, etc. - Voyez *id. T. I, p.* 66; *T. II, publié en* 1735, *p.* 278 *et* 285 *à* 294; Brossette, *note sur les vers de Boileau déjà cités;* Bouchet, *Annales d'Aquitaine, édit. de* 1557, *f.* 168 *et* 267.

L'adjonction des ecclésiastiques aux artisans ne suffit pas pour prouver, comme on serait porté à le croire au premier coup d'œil, que les représentations des mystères eussent obtenu du crédit auprès de la partie la plus puissante ou la plus éclairée de la nation, car les nouveaux acteurs purent être déterminés par des motifs pieux, par le désir entre autres, et c'est aussi ce qu'observent les frères Parfait, de favoriser des spectacles propres dans leur opinion, à répandre davantage la dévotion; mais les arrêtés du conseil de ville de Grenoble, dont nous allons entretenir la Société royale des Antiquaires, sont des signes décisifs de la faveur accordée à la mise en scène des mystères, par toutes les classes de l'état.

Il ne sera pas inutile auparavant de dire un mot de la source précieuse dans laquelle nous les avons puisés. Il s'agit des registres officiels des conclusions prises chaque semaine, et très-souvent plusieurs fois chaque semaine, par le même conseil. On en trouve dans les archives de la ville un recueil qui remonte à

l'année 1511, et vient jusques à nos jours, sauf trois la-
cunes embrassant les intervalles suivans, 13 décembre
1522 à 19 décembre 1527, 20 mars 1535 à 25 décembre
1537, 5 mars 1568 à décembre 1570, c'est-à-dire
à peine dix années sur quatre-vingt-dix du seizième siècle.

Ce recueil est d'autant plus précieux que les pou-
voirs des consuls ou officiers municipaux ordinaires
de Grenoble étant fort restreints, notamment à l'é-
gard des dépenses communales, dont ils ne pouvaient
ordonnancer, sans autorisation, celles qui excédaient
cinq florins ou soixante sous, on était obligé de sou-
mettre au conseil un grand nombre d'affaires dont
on ne trouve peut-être point de traces dans les délibérations des autres cités (Voyez *Registre ms. desdites
conclusions*, 14 *févr.* 1539, *f.* 183). Aussi y avons-
nous relevé une foule étonnante de faits intéressans
pour l'histoire des progrès de la société ou de la ci-
vilisation pendant le 16ᵉ siècle, que nous ne nous
souvenons point d'avoir vu dans les historiens, et des
faits qui ont dû fixer notre attention, à raison surtout de leur certitude, puisqu'ils sont ordinairement
énoncés en présence de personnes intéressées à les
contredire ; enfin des faits négligés par l'historien du
pays, Chorier, soit parce qu'il ne paraît avoir eu communication de nos registres qu'à dater de l'année 1563
(c'est la première qu'il cite, T. II, p. 583), soit parce
qu'à l'exemple de la plupart de ses confrères, il s'oc-
cupait plus de guerre et de politique que de toute
autre chose.

Venons au texte des arrêtés : Voici celui du premier :

Die octavâ februarii anno 1535, fuit congregatum consilium, etc. (d. registre, f. 328). Spectabilis dominus Franciscus Feysan, procurator fiscalis generalis; magister Petrus Areod, medicus ; nobiles Claudius Chappuysii, secretarius curiæ parlamenti ; Henricus Materonis, secretarius cameræ computotorum ; Énimondus Rossignol, secretarius trium statuum patriæ (des états du Dauphiné) comparuerunt.

Dominus Feysan proposuit quod in deliberatione ludi mysterii passionis Christi qui fuit deliberatus ludi in presenti civitate in festo Penthecostes proximè futuro rotulus Jesus Christi, fuit traditus nobili et egregio domino Petro Buchicherdi, jurium doctori, qui dictum rotulum gratis acceptavit et personagium ludere promisit, convenit et juravit, ipsumque studuit tam apud se quam in recordationibus de dicto mysterio factis ferè spatio quinque mensium ; et novissimè ipse dominus Buchicherdi dictum rotulum dimisit et restituit illis, qui conductum dicti mysterii habent, et declaravit quod ipsum personagium non luderet quod cederet maximo prejudicio essetque magnum dedecus et interesse rei publice hujus civitatis et precii factoribus theatri et Chaffalium super quibus ipsum mysterium debet ludi ; quare fuit petitum quid ad tante indempnitati obviendum sit agendum, et ubi ipse dominus Buchicherdi interpellatus recusaret dictum rotulum reassumere et dictum personagium ludere, si erit et videbitur bonum quod detur contra illum ad instanciam dominorum consulum et precii factorum supplicatio insigni curie parlamenti Dalphinalis per quam ipse dominus Buchicherdi, petatur cogi ad ipsum personagium juxta jam per eum in dicta deliberatione promissa et jurata ludendum et ejus debitum faciendum ; alioquin ad prestandum et solvendum dampna et interesse per hanc civitatem et cives illius ac predictos precii factores culpa illius sustinenda ac facienda.

Super quibus fuit conclusum quod si ipse dominus Buchicherdi recuset dict. rotulum reassumere et dictum personagium Jesus Christi ludere , juxta per cum acceptata promissa
et jurata quod detur supplicatio insigni curie parlamenti Dalphinalis contrà illum ad instanciam dominorum consulum d.
civitatis et predictorum precii factorum per quam ipse petatur
cogi et compelli omnibus melioribus et fortioribus modis quibus fieri poterit ad ipsum rotulum reassumendum studendum
et dictum personnagium Jesus Christi juxtà per cum promissa
et jurata ludendum et in hoc ejus debitum faciendum alioquin
ad prestandum et solvendum eisdem consulibus seu univer-
sitati hujus predicte civitatis Gronopolis et predictis precii
factoribus omnia dampna interesse et expensas que et quas
eadem civitatem et precii factores pati contingit defectu ipsius
domini Buchicherdi non ludentis ipsum personnagium et promissa' ac jurata per cum non observantis circà hoc.

Les registres de l'année 1535 manquant (nous l'a-
vons dit, page 6) à dater du 20 mars, nous ne
pouvons savoir directement si le mystère fut représenté à la Pentecôte suivante, ou au 16 mai, et si le
principal acteur y remplit son rôle; mais cela résulte
indirectement d'une délibération postérieure de huit
jours à celle que nous venons de transcrire.

Il y est d'abord énoncé qu'un marchand de Romans
a apporté, les jours précédens, à Grenoble, une cer-
taine quantité de vin, et que le fermier de la Barre
(nom que l'on donnait à ce que nous appelons au-
jourd'hui les octrois) a fait saisir ce vin jusqu'à ce
que le marchand ait justifié qu'il est citoyen de Romans, et que le vin est *de ejus cremento* (de son

crù). On demande ensuite, en cas qu'il justifie de l'un
et de l'autre point, si on lui fera payer un double droit
juxtà libertates civitatis, ou bien si, en cas de refus,
on lui intentera un procès pour le même double droit,
et si le procès sera poursuivi aux frais de la ville: «Item,
ajoute-t-on, si hæc faciendo incommodum aliquod
huic civitati fiet quia hoc faciendo mercatores extranei dum præmissa sciverint fortè cessabunt vinum
ad hanc civitatem apportare quod cederet maximo
præjudicio huic presenti civitati, actento mysterio
passionis Christi quod debet ludi in festo Penthecostes
proximè futuro in dictâ civitate, quia dum dictum
mysterium ludetur in eadem civitate affluet maxima
populi copia et opportebit habere magnam quantitatem vini pro alimentatione dicti populi.» Enfin on demande s'il sera permis à ce Romanais de vendre le vin
au prix qu'il voudra, ou bien à celui qui est fixé aux
marchands de la ville par les conclusions du conseil.

Sur ces propositions, le conseil délibère, 1° qu'on
demandera au parlement quelle taxe doivent les
Romanais pour leurs vins, soit achetés, soit prove-
nant de leur crû...

2°« Quod permiclatur pro nunc et citra consequen-
tiam eisdem extraneis dictum suum vinum vendi
precio quo potuerunt dummodo vinum quod ven-
dent sit purum et venale (Voy. *d. Reg. mss.* 16 *fév.*
1535, *f.* 339). »

Ces décisions prouvent jusqu'à l'évidence que l'on
comptait avec certitude sur la représentation future

du mystère, et que, par conséquent, l'obstacle apporté à cette représentation par le refus du principal acteur, avait été levé depuis le 8 février, par un désistement, soit volontaire, soit forcé, de son refus.

Quant à la première, se borner à demander, par forme de consultation au parlement, si l'on ferait payer un double droit d'entrée aux Romanais, c'était d'avance se résigner à n'exiger qu'un droit simple, car le parlement ne pouvait décider positivement et affirmativement, sous cette forme et sur la simple demande d'une des parties intéressées, une question importante qui pouvait donner lieu à un procès délicat; et en effet, il y en eut un bientôt sur ce point, entre les villes de Romans et de Grenoble. Nous apprenons par les registres que, soumis d'abord à des arbitres, en 1537, et ensuite porté au parlement, il n'était pas encore jugé à la fin de 1540. Voy. *iid.*, 25 *janv. et* 29 *mars* 1538, *f.* 16 *et* 55; 7 *fév. et* 21 *mars* 1539, *f.* 186 *et* 204; 25 *juin*, 2 *et* 23 *juill. et* 24 *sept.* 1540, *f.* 366, 367, 371 *et* 382.

Cette espèce de résignation des Grenoblois à n'exiger des Romanais qu'un simple droit d'entrée ne pouvait avoir pour cause que le désir de favoriser la représentation du mystère, en facilitant l'importation des denrées; car, depuis long-temps, afin de favoriser aussi la vente de leurs vins du Graisivodan, qui sont en général d'une qualité fort médiocre, ils avaient assujetti les marchands étrangers au Dauphiné, à payer un droit double de celui auquel ils s'étaient taxés eux-mêmes, et ils essayaient d'appliquer cette règle aux marchands dauphinois étrangers à Grenoble, tels que ceux de Romans.

Pour apprécier les conséquences que nous tirons de la seconde décision, il faut savoir que, dans son ignorance des principes de l'économie politique, le conseil de Grenoble avait l'usage de taxer les vins vendus par des marchands, fussent-ils même provenus des vignobles de son territoire, indépendamment d'une dégustation préalable que devait en faire le crieur public de la ville, avant d'en annoncer la vente; il n'y avait que les propriétaires grenoblois qui eussent la faculté de vendre les vins de leur crû au prix qu'ils fixaient eux-mêmes... Enfin quinze jours auparavant, on venait de défendre aux marchands de vendre le vin plus de 8 ou 9 deniers le pot. Voy. *dd. reg. 7 déc.* 1531, *f.* 83; 30 *oct. et* 27 *nov.* 1534, *f.* 312 *et* 316; 29 *janv.* 1535, *f.* 528; 15 *et* 16 *avr.*, 26 *mai et* 12 *nov.* 1540, *f.* 345, 346, 359 *et* 386.

On conçoit maintenant que la nécessité de favoriser la représentation du mystère avait seule pu déterminer les Grenoblois à accorder aux marchands romanais les prérogatives qu'ils s'étaient réservées à eux seuls et des prérogatives si importantes, et qu'il fallait qu'ils fussent bien assurés que la représentation aurait lieu pour renoncer trois ou quatre mois d'avance à ces prérogatives.

Revenons à la délibération du 8 février 1555.

On voit d'abord que les directeurs grenoblois du jeu du mystère de la passion ne sont ni des pèlerins grossiers, selon les qualifications de Boileau, ni de simples artisans, tels que les maçons, courtiers de chevaux et paveurs désignés dans les actes rapportés par les frères Parfait (T. I, p. 56), comme gouverneurs de la confrérie des mystères, mais des personnages éminens, soit par leurs fonctions, soit par leur naissance, soit par leur instruction.

Leur chef n'est rien moins que le procureur général au parlement, ou un homme qui, à raison de l'importance de sa place, n'avait guère au-dessus de lui, en Dauphiné, que le lieutenant-général commandant de la province et le premier président.

Il ne faut point s'arrêter au mot FISCAL (*procurator fiscalis generalis*) ajouté à sa désignation, et qui, dès long-temps, n'est plus usité. On se servait alors très-souvent des qualifications consacrées par le droit romain, loi des provinces méridionales. Ainsi nous avons trouvé dans une ordonnance du parlement du 29 janvier 1539 par laquelle il renvoie une requête de la ville au ministère public, au lieu de la formule dont on se sert depuis long-temps, *soit montré au procureur général du roi, etc.*, ces simples termes *vocetur Fiscus statim...;* et l'avis du procureur général, au lieu de la formule également usuelle, *Nous estimons que*, etc., ou *n'empêchons que*, etc., ou *n'avons moyen d'empêcher que*, etc., commence par cette formule singulière *Fiscus dicit quod*, etc. Voy. *d. reg. mss.* 31 *janv.* 1539, *f.* 182.

Le second commissaire est Pierre Aréoud ou Aréod, médecin; et, ce qui parait d'abord étrange, il est placé avant les trois nobles qui complètent la commission. Mais nous avons observé la même chose dans une foule de délibérations de ce temps, soit du conseil général, soit du conseil ordinaire de la ville, soit des commissions chargées par ces conseils, de quelques opérations particulières, telles que des examens des comptes des receveurs... En général, on y désigne les membres des assemblées dans l'ordre suivant : 1° les consuls ; 2° les conseillers ordinaires de la ville ; 3° les docteurs en droit ; 4° les docteurs en médecine (d'autres passages nous apprennent qu'Aréoud était docteur); 5° les ecclésiastiques ; 6° les nobles ; 7° le reste de ce qu'on y appelle *le populaire....* Toutefois, lorsque les ecclésiastiques paraissent comme députés des chapitres, monastères et autres corporations religieuses, ils sont placés avant les docteurs ; mais ceux-ci le sont presque toujours avant les nobles : d'où il paraît qu'ils jouissaient alors de très-grandes prérogatives. Voy. entre autres *dd. reg. mss.* 19 *déc.* 1518, *f.* 1 ; 2 *janv.* 1519, *f.* 4 ; 15 *déc.* 1521, *f.* 108 ; 20 *janv. et* 9 *et* 30 *juin* 1522 , *f.* 126, 166 *et* 172.

Du reste, Pierre Aréoud était un homme recommandable par son instruction. Dix ans auparavant, il avait publié un ouvrage sur la fontaine qui brûle (Voy. *Biblioth. du Dauphiné, par Chalvet,* p. 50 et 247). Ses talens devaient être d'autant plus appréciés que, dans ces temps d'ignorance, la ville de Grenoble manquait de médecins. Molière dirait sans doute que c'était un grand bien ; mais s'il eût vécu à

cette époque où les maladies contagieuses, et même
la peste étaient à peu près endémiques, comme cela
résulte de nos registres, il eût probablement changé
d'avis.

Nous voyons dans les mêmes registres que, lorsque

> Ce mal qui répand la terreur,
> Mal que le ciel en sa fureur
> Inventa pour punir les crimes de la terre,

venait affliger nos contrées, il fallait souvent chercher au loin soit des médecins, soit des chirurgiens,
et faire avec eux des traités pour les astreindre à ne
pas abandonner la ville. On n'eut pas besoin de
prendre de telles mesures avec Aréoud; et, pendant
la peste qui régna à Grenoble en 1533, et *in quâ*,
est-il dit (*dd. reg. mss.*, 13 *avr.* 1534, *f.* 285, 286)
MAXIMA POPULI PARS INTERIIT, il fut consulté
comme une espèce d'oracle, surtout relativement aux
moyens à employer pour prévenir le retour de ce
fléau quand il eut cessé. (V. *iid.*, 12 *janv.* 1534, *f.* 263.)

Nous ne nous arrêterons point aux trois nobles
qui, avec Aréoud et le procureur général, composaient la commission chargée de diriger le jeu du
mystère et qu'on a vu décorés des charges de secrétaires du parlement, de la chambre des comptes et
des états du Dauphiné, parce que le choix de l'acteur
chargé du rôle principal prouve, mieux que tout ce
que nous pourrions ajouter, le haut crédit qu'avaient
obtenu ces sortes de spectacles alors appelés des
jeux (Voy. *d. hist. théât.*, T. I, *p.* 49, *et ci-après le*

fragment de la chronique de Metz), auprès des classes les plus éclairées ou les plus influentes de la société. Il s'agit de Pierre Buchicher, nommé dans la
suite Pierre Bucher. Il était noble (*nobilis et egre-
gius*) , avocat et docteur en droit, et jouait déjà un
rôle si important que, le 15 décembre précédent
(1534), il avait été placé au nombre des quatre can-
didats parmi lesquels le conseil universel devait choi-
sir le premier consul ou premier magistrat de la ville.
(Voy. *iid.,f.* 318.) Il fut bientôt conseiller de la ville,
substitut du procureur général (V. *iid.*, 18 *juill.* 1539,
f. 25), professeur et successivement doyen de l'u-
niversité, et enfin procureur général au parlement
pendant plus de vingt années sans cesser d'être doyen
jusques à sa mort arrivée vers 1576. On peut voir à
cet égard notre histoire de l'université de Grenoble,
lue à la Société royale des Antiquaires et publiée
dans le Tome III de ses Mémoires, p. 396, 397.

Examinons à présent pourquoi Pierre Bucher,
après avoir accepté bénévolement le rôle principal
(*gratis acceptavit.* Voy. ci-dev. p 7.), promis avec
serment de le jouer (*personagium ipsius rotuli ludere promisit, convenit et juravit*), et l'avoir étudié
ou répété pendant cinq mois (*ipsumque studuit tàm
apud se quàm in recordationibus ferè spatio quinque
mensium*), put se décider à manquer à ses pro-
messes et à son serment...

Ce n'était pas certainement faute de dévotion ou
de zèle. Bucher, nous l'avons dit dans l'histoire déjà
citée, fut un des catholiques les plus fervens de son

siècle, un de ceux qui poursuivirent avec le plus d'ardeur les huguenots (Voy. *d.* T. III, *p.* 416). Ce n'était pas non plus par crainte de se discréditer et de nuire à sa fortune. Dès qu'il aspirait aux places du parquet ou ministère public, il risquait au contraire de s'en faire fermer la carrière, puisque le procureur général, dont il devint le substitut en 1539, était le chef de la commission des jeux, celui-là même qui demandait que Bucher fût contraint à jouer.

Tout ce que nous entrevoyons de probable dans les motifs de cette manière d'agir si opposée aux opinions et aux intérêts de Bucher, c'est qu'il put être effrayé par les peines que devait lui coûter son rôle à cause de sa prodigieuse étendue et par les risques auxquels il l'exposait.

A la vérité, quant au premier point, dans ces sortes de drames historiques auxquels s'appliquent parfaitement les vers de Boileau,

> Un rimeur, sans péril, de là les Pyrénées,
> Sur la scène en un jour renferme des années.
> Là souvent le héros d'un spectacle grossier,
> Enfant au premier acte, est barbon au dernier.
> (*Art. poét.,* ch. 3, v. 39 et suiv.)

on divisait un rôle entre plusieurs acteurs, selon l'âge du personnage dont il retraçait la vie. (Voy. *d. Hist. th. fr.,* T. II, *p.* 513, *et Mystère du viel testam.,* part. 1, f. 156 et 236, *pour les rôles de Joseph et Samuel.*) Mais celui-ci ne l'était qu'entre deux seulement, dont le premier représentait l'enfance de

Jésus-Christ pendant le mystère de la conception, et l'autre, son âge mûr pendant celui de la passion. C'est de ce dernier que dut être chargé Bucher, puisqu'il avait alors environ vingt-cinq à trente ans. Or, la représentation de cette espèce de second rôle devait occuper au moins quatre jours, et même cinq, si, au mystère de la passion l'on avait joint celui de la résurrection, puisque l'ouvrage alors le plus en crédit, celui de Jean-Michel, poète angevin (*Voy. ib.*, *T. I, p.* 66), dont nous parlerons tout-à-l'heure, réunit les mystères de la conception et de la résurrection au mystère de la passion, et donne à leur réunion le seul titre de mystère de la passion, que rappelle en termes généraux l'arrêté du conseil de ville (*mysterium passionis Chripsti*... Voy. ci-dev. p. 7).

Supposons toutefois qu'on se réduisit à Grenoble au mystère de la passion proprement dit, et aux quatre journées au moins, que sa représentation exigeait...

1° Dans cet intervalle le spectacle n'avait pas moins de quatre-vingt-six actes, ou intermèdes ressemblant à des actes, puisqu'ils avaient presque tous plusieurs scènes, comme nous nous en sommes assurés en examinant, soit l'histoire du théâtre français déjà citée (*Voy. id.*, *T. I, p.* 260, 316, 361 *et* 423, *où sont les n.*ᵒˢ *des intermèdes*), soit l'ouvrage dont elle donne des extraits, c'est-à-dire les mystères de la conception, passion et résurrection, par Jean-Michel, Paris, 1507, in-4°. *Voy. d. T. I, p.* 71, 72.

2° Dans les quatre journées (nous l'avons vérifié)

2

on ne débitait pas moins de quarante-un mille vers...
et observons, à cette occasion, que les spectacles
occupaient réellement des journées entières, sauf un
intervalle de midi à deux heures, pendant lequel les
acteurs et spectateurs allaient dîner. *Voy. id., T. II,
p.* 464.

3º Le rôle de Bucher contenait pour sa part plus
de trois mille quatre cents vers (nous l'avons également vérifié).

4º Enfin, quelque adresse que dussent mettre les
autres acteurs dans le jeu de leurs rôles, il est difficile que celui-ci ne fût pas fatigué et en quelque sorte
accablé des mauvais traitemens que l'auteur du drame
lui fait prodiguer jusqu'au dégoût. Il semble s'être
complu à multiplier, presque à chaque scène de la
dernière journée, les coups de poing, de fouet et
de bâton de manière à exciter l'horreur des spectateurs. *Voy. d. myst., feuille* G, *feuillets* 7 *et* 8*; f* H,
*f*ᶜˡˢ 5 *et* 6, *f* L, *f*ᶜˡˢ 4, 5, 6, etc.

A l'égard des dangers du rôle, il y avait de quoi
effrayer un homme moins zélé que Bucher. Dans
quelques scènes, les personnages devaient être enle-
vés du bas du théâtre jusques à une grande hauteur.
Par exemple, dans la scène de la tentation, après que
Satan a offert de porter Jésus sur le sommet du temple, l'auteur dit en forme d'avis aux acteurs : « Jcy
» se mect Jesus sur les espaules de Sathan et par un
» souldain contre poys sont guindés tous deulx à
» mont sur le hault du pinacle » (*Voy. aussi d. hist.
th. fr., T. I, p.* 211, 212). C'était bien pis dans la

scène de la transfiguration, car il paraît, en comparant avec soin ce qu'on dit dans le mystère, du contre-poids encore employé, avec les dialogues suivans, que Jésus devait rester suspendu en l'air à l'aide du seul contre-poids, pendant un débit de cent vingt-huit vers. *Voy. d. myst.*, f° T, f^{ts} 5 et 6.

Or, si l'on réfléchit, soit au peu de progrès qu'avaient fait les arts mécaniques, surtout dans nos provinces, car nos registres nous en donnent une foule d'exemples, soit à l'élévation du théâtre qui dépassait ordinairement la sommité des maisons les plus hautes, la manœuvre dont on parle ne devait certes pas être sans danger pour les acteurs.

Mais c'est surtout pendant le dernier acte du drame que le péril devait être imminent. Nous avons compté que, depuis le moment où l'on élevait la croix jusqu'à celui où l'on en détachait et descendait les corps, il ne se débitait pas moins de treize cents vers. Si l'on joint à cela le temps qu'exigeaient diverses pauses ou opérations indiquées dans le drame, assurément l'acteur devait rester au moins pendant deux heures dans cette position si pénible.

Au surplus, le passage suivant de la chronique de Metz prouve mieux ces dangers que toutes nos conjectures.

« L'an 1437, le 3 juillet, fut fait le jeu de la passion en la plaine de Veximiel et fut fait le parc d'une très-noble façon, car il était de neuf siéges (ou étages) de haut..... Et fut Dieu un sire appelé seigneur Nicolle.... curé de Saint-Victour de Metz, lequel fût

2*

presque mort en la croix s'il n'avait été secouru , et convint que un autre prestre fût mis en la croix pour parfaire le personnage du crucifiement pour ce jour, et le lendemain ledit curé de Saint-Victour parfit la résurrection et fit très-hautement son personnage. .. Et un autre prestre qui s'appelait messire Jean de Nicey, qui était chapelain de Métrange, fut Judas, lequel fut presque mort en pendant ; car le cuer lui faillit, et fut bien hastivement despendu. » *Voy. Hist. de Lorraine par D. Calmet, T. II, Preuves, p.* ccxxv.

On conçoit maintenant que si Bucher était détourné de remplir son rôle par quelque crainte , il était fort excusable , et l'on aurait lieu d'être surpris de la résolution des directeurs du jeu et des membres du conseil de la ville d'employer tous les moyens possibles pour l'y forcer, si son refus n'avait pas dû leur causer de très-grands dommages. Or, c'est aussi ce qu'il est facile de reconnaître lorsqu'on examine les jeux des mystères dont nos spectacles actuels ne donnent qu'une bien faible idée.

En premier lieu les échafauds (*chaffalia*) ou théâtres contruits pour les jeux n'étant que temporaires dans les villes de province , il fallait que les profits nets d'une représentation en indemnisassent, et ces frais devaient être considérables.

Les échafauds en effet représentaient des espèces de maisons ouvertes en entier du côté des spectateurs et divisées en plusieurs étages, subdivisés eux-mêmes en plusieurs appartemens ou lieux de scène.

On a vu par la chronique de Metz, qu'il y avait

quelquefois jusqu'à neuf étages ; leur nombre dépen-
dait probablement de l'étendue du local (1) où on les
établissait. Ainsi, à Rouen , dont la place choisie
était fort longue, il n'y eut, en 1474, pour le mystère de l'incarnation et nativité, à la vérité bien
moins étendu que celui de la passion , il n'y eut que
les cinq étages (2) suivans : le premier , en partant du
point le plus élévé , représentait le paradis ; le 2ᵉ,
en descendant, Nazareth , comprenant deux maisons et un oratoire ; le 3ᵉ, Jérusalem , comprenant
trois maisons, un temple et deux endroits ou places
d'assemblée ; le 4ᵉ, Bethléem , comprenant deux
maisons, une étable et un champ; le 5ᵉ, Rome, comprenant le Capitole, un temple, une fontaine, quatre
maisons et deux salles du palais impérial.

Au-dessous de celui-ci et à la partie la plus basse

(1) Souvent une place d'une ville.... Les confrères de Paris
eurent au contraire un théâtre, d'abord dans un hôpital, et ensuite dans un hôtel. Ces emplacemens étant moins vastes et
d'une élévation nécessairement limitée, ce que nous disons
de la division en plusieurs étages ne peut guère s'y appliquer, et
nous n'avons pas encore découvert comment s'y faisaient les
changemens de scènes.

(2) Les frères Parfait (T. II, p. 495) semblent même ne
compter ici (outre l'enfer) que deux étages, l'un pour le paradis , et l'autre pour ceux que nous croyons avoir formé les 2ᵉ,
3ᵉ, 4ᵉ et 5ᵉ; mais, quelle que soit la longueur du Marché-Neuf
de Rouen , où les échafauds étaient établis , cela nous paraît
difficile à concevoir. Dans cette supposition, en effet, l'étage in-
férieur n'aurait pas compris moins de vingt-deux *lieux* de
scène, dans lesquels il y aurait eu onze maisons, deux temples,
le Capitole, etc.

de cet échafaudage, était l'enfer, fait, dit-on, en
manière « d'une grande gueule se cloant (fermant)
et ouvrant quand besoin est. » Cette ouverture, qui
était assez large pour y laisser passer plusieurs personnes, aboutissait sous les derniers échafauds.

Il faut ajouter à tout cela les moyens mécaniques
employés pour produire des effets de scène, tels
que les ascensions ou descentes par les contre-poids
dont nous avons parlé ; le fracas du tonnerre ou de
la tempête, qu'on imitait à l'aide de gros tuyaux d'or-
gue, ou d'un tonneau garni de pierres ; le bruit de
l'enfer, à l'aide d'un canon ; son feu, à l'aide de
soufflets garnis de soufre, etc., etc. *Voy. d. Hist.
th.*, *T. I, p.* 524; *T. II, p.* 517 *et* 531.

D'après ces documens que nous avons puisés, soit
dans divers passages des premiers volumes de l'histoire du théâtre français, où on les a maladroitement
dispersés, soit dans plusieurs des mystères originaux
qu'on y a extraits, il est facile de calculer que les
frais de construction des échafauds devaient être
excessifs, et que les commissaires qui en avaient
passé des prix faits avec des ouvriers, et les ouvriers
eux-mêmes (*precii factores*) qui les avaient com-
mencés dans la juste confiance que la représentation
aurait lieu, étaient exposés à des pertes considérables par le refus de Bucher ; ce qui confirme notre
conclusion précédente, savoir qu'il dut se résigner
à jouer le rôle, ne fût-ce que pour éviter le paiement
de ces dommages.

On n'aperçoit pas aussi bien pourquoi le conseil de

ville résolut d'appuyer de son intervention la demande
des commissaires et prix-facteurs, puisque le refus
de Bucher ne l'exposait qu'à un dommage très-indi-
rect, savoir à la privation des bénéfices que les au-
bergistes, les loueurs de maisons, les propriétaires
de terres et les marchands de comestibles comp-
taient faire sur les denrées que consommeraient les
spectateurs étrangers. Il ne put alors être déterminé
que par l'importance de cette privation ; et tout an-
nonce qu'elle devait être immense. C'est ce qui résulte surtout de la seconde délibération (16 février
1535) ci-devant analysée (p. 9), si l'on en compare
les expressions aux circonstances locales.

Observons à ce sujet que la vallée de Grenoble
(le Graisivodan) est très-fertile en vins ; qu'elle en
fournit à presque toutes les montagnes des Alpes et
à une partie de la Savoie. Il fallait donc que l'on
comptât sur une multitude prodigieuse de spectateurs
pour que l'on dût craindre, trois mois d'avance, que
leur présence pendant quelques jours (la représentation la plus longue que l'on cite, en dura onze...
Voy. Bouchet, *suprà, f.* 267, *et d. hist. th. fr., T. II*,
p. 293) absorberait toutes les provisions du pays,
comme on le dit formellement, *quia... mercatores*
extranei.... fortè cessabunt vinum ad hanc civita-
tem apportare quod cederet maximo prejudicio civi-
tati actento (attendu) *mysterio passionis.... quia*
dum ludetur.. affluet maxima populi copia et oppor-
tebit habere magnam quantitatem vini pro alimenta-
tione dicti populi. (Voy. ci-devant p. 9).

Et le conseil ne fondait pas ses calculs seulement sur
des conjectures. Huit années auparavant, au même jour
de Pentecôte, ou au 9 juin 1527, on avait joué à Grenoble le Mystère de saint Christophe (Voy. *d. Myst.,*
f N *, f* 2*, et d. hist. théât.,* T. III, *p.* 2 *, et* T. II,
p. 260). On pouvait donc juger approximativement de
la consommation que feraient des spectateurs attirés
par le mystère de la passion, bien plus étendu et bien
plus curieux par cela même que les diverses scènes
en étaient plus intelligibles pour eux, dès qu'elles
retraçaient des faits qu'ils connaissaient tous dès l'enfance, et que des écriteaux, mis sur chaque lieu de
scène des étages, achevaient de les leur rendre tout-
à-fait claires (Voy. *d. hist.,* T. II, *p.* 496).

Il est vrai que, l'été précedent, ou l'été de 1534, le
Dauphiné avait été affligé d'une sécheresse affreuse,
d'une sécheresse telle, qu'au rapport de nos registres,
les villageois éloignés des bords du Rhône et de l'I-
sère avaient été obligés d'y transporter leurs habita-
tions pour pouvoir abreuver leurs bestiaux, et que
les vendanges qui ne se font à Grenoble que depuis
la mi-septembre jusques à la mi-octobre avaient com-
mencé le 31 août (Voy. *dd. reg. mss.,* 14 *août* 1534,
f. 306); ce qui dut diminuer la récolte des vins. Mais,
quelque effet qu'on attribue à cette sécheresse, qui
paraît avoir régné dans les autres provinces de France,
et notamment dans le Poitou (*Voy.* Bouchet, *suprà,*
f. 267), il est impossible qu'elle eût tellement nui à
la récolte du Graisivodan, qu'on craignit, nous le
répétons, de n'avoir pas assez de vin pour les audi-

teurs d'un spectacle de quelques jours, s'ils n'eussent pas dû être extrêmement nombreux.

L'empressement des étrangers à se rendre à ces sortes de fêtes s'explique, au reste, et par la rareté des spectacles dans les provinces, et par la conformité des jeux des mystères avec les opinions, les goûts et les mœurs des particuliers, au commencement du xvi° siècle.

C'est ce que les frères Parfait paraissent ne pas avoir pris en considération, lorsqu'après un éloge fort exagéré de la naïveté quelquefois touchante des mystères, ils se récrient avec indignation contre les auteurs modernes qui, tels que Bayle (*mot d'Assoucy, note* g), ont rapporté, d'après d'Assoucy, un passage assez ridicule d'un dialogue entre Jésus-Christ et saint Matthieu, que d'Assoucy disait avoir lu dans un ouvrage du même genre, et que voici : Matthieu? — Plaît-il, Dieu?—Prends ton bâton et ton épieu, et me suis en Galilée. — Prendrai-je aussi mon épée, etc. Ils défient, disent-ils, de trouver dans aucune pièce de théâtre, ancienne et moderne, ce trait et quelques autres encore plus méprisables, qui sont très-répandus (Voy. *d. hist. théât.*, T. I, *préf.*, *p. xvij à xx*).

Ils auraient dû réfléchir qu'un style naïf, ridicule et grossier convenait précisément à des hommes naïfs, ignorans et de mœurs grossières, tels que les Français de la fin du xv° et du commencement du xvi° siècle.

Lorsqu'on parcourt en effet les principaux mystères qu'ils ont analysés; savoir, celui de la passion, par Jean-Michel, dont l'extrait occupe en entier leur premier volume, et ceux du Vieux-Testament et de saint Christophe (1), on est frappé de la multitude de traits soit ridicules, soit grossiers, soit licencieux, qu'on s'est permis d'insérer dans des drames saints, dans des drames qui presque tous ne sont autre chose que l'Écriture Sainte mise en action avec des développemens.

Les frères Parfait ont rapporté eux-mêmes plusieurs de ces traits, mais en supprimant ce qu'ils offraient de plus choquant. Forcés alors de convenir qu'il y en a de fort grossiers, ils en donnent une excuse assez singulière : ils sont, observent-ils, prêtés à des personnages, tels que les diables, les tyrans ou archers, les bourreaux, les ennemis de Jésus, les possédés du démon, etc., qui pouvaient, ou faire de telles actions, ou tenir un tel langage.... Mais ces actions ou ce langage étaient-ils moins mis sous les yeux, ou frappaient-ils moins les oreilles des spectateurs?...

Passons sur les termes de *papelard, ribaut, ribaude, ribaudaille, gaupe, paillard, paillardie, coquart, cocu, cornard, g —e, p—r, p—e, p—n, fils de p—n*, etc., trop usités dans ce siècle, et qu'on trouve fréquemment dans ces drames (Voy. *à la fin de notre mémoire, la note* a)... quelle idée morale pouvaient recueillir, dans ces jeux, des adolescens ou adolescentes, lorsqu'ils entendaient une jeune fille déclarer

(1) Nous avons trouvé à la Bibliothèque royale les éditions de ces trois mystères, dont les frères Parfait s'étaient servis.

qu'elle ne veut pas perdre son *p—e* (Voy. *Mystère de la conception*, *f*ᵉ E , *f*ᵗ 3) ?... de jeunes femmes se dire (Voy. *Myst. de la passion*, *f*ᵉ S, *f*ᵗ 8) , que

> Solacieux touchemens
> Vénérieux embrassemens
> Et autres plaisans couchemens
> Cela gît en leur volonté..

Lorsqu'ils entendaient apostropher les personnes les plus saintes, de qualifications qu'on ne profère que dans les lieux les plus infâmes ?....

On pressent que nous ne souillerons pas nos re-marques de semblables expressions. Nous nous borne-rons à indiquer à la fin de notre mémoire (Voy. *ibid. la note* b) quelques-uns des passages où on les trouve, pour qu'on puisse vérifier que nous n'exagérons point. Ajoutons que, si l'on a le courage de lire entre autres les discours que Jean-Michel prête (car ils sont tous de son invention) à la jeune fille possédée , guérie par Jésus-Christ, et dont les frères Parfait disent seu-lement (T. I, p. 266) qu'ils ne veulent point profa-ner leur sujet; on y verra tout ce qu'il est possible d'enfanter à l'imagination la plus ordurière (Voy. *d. Myst.*, *f*ᵉ S, *f*ᵗ, 5 *et* 6). Et il en est de même de plu-sieurs scènes, soit du mystère du Vieux-Testament, telles que celles de Lameth, petit-fils d'Adam, et de ses femmes ; des habitans de Sodome; des filles de Jéru-salem à l'avénement de Salomon, etc. (Voy. *ci-après, à la fin du mémoire, note* c); soit du mystère de saint Christophe, telles que celles de l'enfer, du paysan

Landureau, du charlatan, des archers de Danus, des femmes par lesquelles on veut tenter le Saint; des gardes qui lui mettent une pierre sur le ventre, etc., (Voy. *ibid.*, *note* d).

Les auteurs des mystères ne se bornaient point aux discours; ils mettaient souvent à peu près sous les yeux des spectateurs, des actions dont il faut bien se garder de faire concevoir même l'idée à la jeunesse.

Ainsi, dans le mystère du Vieux-Testament, l'on représentait l'aventure d'Amnon, fils de David, et de sa sœur Thamar, où l'auteur, après avoir fait dire par Amnon à Thamar qu'il va surmonter sa résistance à l'aide de la force, ajoute tout bonnement « *il la couche...* » Il est vrai que dans des cas semblables on tirait ce qu'on nommait des *custodes*, c'est-à-dire des rideaux (Voy. *d. hist. théât.*, T. I, *p.* 66 *et* 100; T. II, *p.* 314), pour cacher la partie de l'étage où se passait la scène; mais, nous le répétons, quelle idée morale les jeunes filles devaient-elles alors concevoir, surtout lorsqu'elles entendaient Thamar crier *à l'aide*, au moment de la violence, et la voyaient ensuite reparaître en déplorant, dans les termes les plus expressifs, l'outrage qu'elle vient d'éprouver? — Voy. *id.*, T. II, *p.* 333,334, *et le Mystère, part.* 1, *f.* 267. — Et c'était bien pis dans le mystère de saint Christophe où l'auteur n'avait pas rougi de placer deux scènes dans un lieu dont on ne peut pas même prononcer le nom, et d'y employer un dialogue dont le style est digne de l'ouvrage le plus abominable du XVIIIe siècle (Voy. *ci-après, à la fin, note* e).

A l'égard des passages simplement grossiers ou ridicules, en un mot, que la décence ne défend pas de rapporter, il suffira d'en citer quelques-uns pour montrer combien peu était fondée l'indignation des frères Parfait.

Observons d'abord que le savant Le Duchat ayant lu leur premier volume quelque temps avant sa mort (il en cite l'édition de 1735, et il mourut le 25 juillet de cette année), dit que ces écrivains n'auraient eu le droit de révoquer en doute l'existence du passage ridicule rapporté par d'Assoucy, qu'autant qu'ils auraient vu toutes les éditions de l'ouvrage où d'Assoucy prétendait l'avoir lu, puisqu'il y avait eu des suppressions faites dans diverses éditions. Le Duchat prouvait ceci, en ajoutant que, dans son édition ou celle de 1552, du mystère de Jean-Michel, les imprécations des gardes de Jésus commençaient par ce vers (bien plus étrange que le passage de d'Assoucy): *Sire Roy maître Aliborum*, tandis que dans celle de 1507 elles ne commencent, d'après l'extrait des frères Parfait (Voy. *d. hist. th.*, T. I, *p.* 594), que par le second vers *Hé! ave rex Judeorum;* d'où il concluait que de semblables suppressions pouvaient bien avoir été faites dans quelqu'une des éditions de l'ouvrage cité par d'Assoucy.

Qu'aurait dit Le Duchat, s'il eût pu vérifier cette même édition de 1507, analysée avec tant de complaisance par les frères Parfait?... Les vers *sire Roy maître Aliborum* s'y trouvant également(Voy.*d.Myst.*, f*^c* L., f*^t* 5|), il en aurait pu conclure que ce n'était qu'à l'aide de suppressions peu délicates, que les frères Parfait (1) accusaient d'Assoucy et ses copistes d'avoir voulu jeter du ridicule sur les jeux des mys-tères.

Passons aux traits que nous avons annoncés.

Au moment où Thabite, fille de Jayr, vient d'expirer près de deux juifs de sa maison, Moab et Celius, le premier s'écrie (Voy. *d. Myst.*, f^e Q, f^t 7) :

> Voici bien piteuse demande
> Célius ! Je crois qu'elle est morte ?

Et Célius répond aussitôt :

> Luy faut-il plus vin ni viande ?

Lorsqu'un satellite d'Hérode, nommé Grognard, après avoir tranché la tête de saint Jean-Baptiste, la met sur un plat, il dit à la suivante d'Hérodias (Voy. *id.*, f^e S, f^t 1):

> Or, tenez, portez la bouillir
> Rôtir ou faire des pâtés.

Ce qu'il y a de singulier, c'est que les frères Par-fait rapportent aussi ces passages (Voy. *d. hist* T. I, *p.* 244 *et* 258), sans faire attention qu'ils détruisent

___

(1) Il aurait été d'autant plus fondé qu'ils ont fait d'autres suppressions. Par exemple, dans les mêmes apostrophes et au même feuillet 5, on trouve ce vers,

> *Mais, regardez ce col de grue,*

et d'autres que la décence ne permet pas de transcrire.

par là leur propre système. En voici d'autres qu'ils ont négligés.

Jésus, en s'approchant du puits où est la Samaritaine, lui adresse ainsi la parole (Voy. *d. Myst.*, *f*ᵉ R, *f*ᵗ 1):

> O femme donne-moi à boire,
> J'ai soif *en passant ce passage.*

La Samaritaine, après quelques observations, faisant l'éloge des vertus de l'eau de son puits, Jésus lui répond :

> Cette eau-cy pas tel don n'a
> Quand on *n'en boit que le beuvant*
> Nait encor soif comme devant
> Et après qu'elle a fait tout son cours.

Lorque Jésus a été arrêté, saint Jean le suit de loin, les gardes le soupçonnent, et l'un d'eux le *saisit* par son manteau. Saint Jean s'écrie alors (*d. Myst.*, *f*ᵉ S, *f*ᵗ 8.) :

> Ah, Messeigneurs ! Pour Dieu ! la vie.
>
> UN GARDE.
>
> Prenez, prenez, c'est une espie.
>
> UN AUTRE.
>
> Nous en aurons tantôt *copie*,
> Je le tiens par son paliot.
>
> SAINT JEAN (*dit à part*) :
>
> Je pourrais bien payer l'écot
> Se (si) par quelque moyen n'échappe
> J'ayme mieulx là laisser la chappe
> Que d'être de tels gens tenu.

Il lâche aussitôt le manteau, s'enfuit, et les gardes disent :

Ah ! le ribeau s'enfuit tout nu

. . . .

A tous les diables puis (puisse-t-) il estre
Puisque nous avons le manteau
Nous l'engaigerons bien et beau
A la taverne où nous irons
Pour défrayer les compagnons , etc.

Saint Jean, ayant promis à la sainte Vierge de l'instruire de tout ce qui intéresse son fils, délibère alors s'il l'informera de l'arrestation de Jésus. Il emploie, dans les rimes de son monologue (*d. f.* 8), des jeux de mots qu'on trouve souvent dans le drame, et dont nous allons citer quelques-uns.

Qui me pourra donner confort
Du dueil et dolent desconfort
Que je sens en mon âme enclos'
Las ! mon cœur est de crainte clos
Et de compassion ouvert
De tristesse suis tout couvert,
Mais amour veut que je descouvre
Ce que plaisir en moi couvre
Et fault que mon grief dueil couvrir
Soit dolentement descouvert;
Car plus je ne saurais couvrir
Le dueil qui me faut descouvert
En courant ma descouverture
Descouveray ma couverture
En couvert sera descouverte
Dont Judas en couvertement
Descouvert son fier pensement
Quant en trayson a trahy
Cil qui pas ne l'avait hay , etc.

Je ne sais si l'on pourrait trouver une *naïveté touchante* dans ce galimatias. A coup sûr on ne trouvera dans les deux passages suivans du mystère de saint Christophe, ni qu'on ait fait parler le souverain Créateur du monde avec la dignité convenable, et c'est aussi à raison de ce défaut que les frères Parfait ont contesté l'authenticité du fragment de d'Assoucy ; ni qu'on ait parlé des saints avec le respect qu'on devait à tout ce qui était offert à la vénération publique.

Observons, quant au premier, que les tyrans ou archers du roi Danus ont placé sur le ventre de saint Christophe une énorme pierre, que six d'entre eux ont à peine pu remuer. Il suffoque sous le poids. La sainte Vierge implore Dieu à son aide ; car, dit-elle (f^s SS, f^t 4) :

> Car si pitié de lui n'avez
> Il est mort ; je le voy deffaict.

> DIEU.

> Chière mère *il sera faict.*
> Ça , Michel, allez sans attendre
> Et tous les autres pour *deffendre*
> Christophe pasmé sur la terre
> Et lui descharger ceste pierre
> Que les tyrans pour faire pis
> Lui ont *boutré dessus le pis.....*

A l'égard du second passage , un charlatan , un autre Comus, en faisant, devant le roi de Damas et les personnes de sa suite , les tours et les plaisanteries de son métier, leur offre des images de saints

3

comme jadis les frères quêteurs : Seigneurs, dit-il
(*f* Q, *f*t 1) à ses auditeurs, qui cependant étaient
chrétiens :

> Seigneurs, voicy la pourctraiture
> Du glorieux sainct Alpantin
> Qui fust escorché d'ung patin,
> Le jour de karesme prenant....
> Après, voicy sainct Pimponant
> Avecques sainct Tribolandeau,
> Qui furent tous deulx d'ung seau d'eau
> Descollés, dont ce fust dommage.
> Puys voici le dévot image
> Du glorieux martyr saint Pran,
> Qui fut jadis bouilli en bran
> Et lapidé de pommes cuites;
> Et par ses glorieux mérites,
> Je le maintiendrai devant tous,
> Il guérit les chats de la toux,
> Quant ils y ont dévotion.
> Si vous avez intention
> De les avoir, je vous les baille
> Les deux pour trois deniers et maille.... (1).

Mais c'est surtout lorsqu'il est question de repas
que les auteurs des mystères et notamment Jean-Michel, tombent dans le ridicule et la trivialité.

Voici un fragment du dialogue tenu par les apôtres au jour de la cène (Voy. *Myst. de la Passion,*
*f*e D, *f*t 3.)

(1) Les frères Parfait (T. III, p. 13) ont omis les vers 9
jusqu'à 16.

SAINT PIERRE.

Jehan et Jacques , il sera temps
De manger la Pasque tantôt.

SAINT JACQUES , *majeur*.

Nous ne mangeons pas souvent rôt,
Il est bien saison d'y penser.

SAINT ANDRÉ.

Si quelcun se peut advancer
De nous donner l'agneau pascal ,
Ce ne serait pas trop grand mal ,
Que fissions céans notre pasque.

SAINT SIMON.

Mes frères , je ne crois *pas que*
Quelcun ne l'offre à notre maître, etc.

Lorsque le roi Hérode donne à dîner à Hérodias,
un de ses gens l'avertit en ces termes qu'il est servi.
(Voy. *id.* , 1er *jour*, f R, f 7).

Sire, vostre disner est prest
Tables couvertes, la viande
Cuite ainsi qu'on la demande
Tant la grosse que la menue
On n'attend que votre venue.

Au commencement d'un repas donné par saint
Matthieu à Jésus, aux apôtres et à quelques juifs ,
saint Matthieu leur dit : (Voy. *id.*, *ib.* f P, f 6)

Tenez vecy (voici) de quoi repaître,
Duquel vin voulez-vous ?

Un des juifs répond :

3*

Du doux
Et du plus fort qu'il pourra estre ;
Car pour vous le dire à la lestre
Je n'ay cure de ces vins moulz.

Saint Matthieu réplique en servant du vin :

Vous soyez les bienvenus tous.
Tenez, vecy de quoi repaître ;
Prenez en gré le dîner, maître,
Je le fais pour l'amour de vous ,
Mangez fort tant que soyez soulz,
N'épargnez ne (ni) vin ne viande.

Sur quoi, saint Pierre observe :

Qui se feint soit mis à l'amende;
Car quant à moy , je fais devoir.

Ensuite saint André prend la parole.

On ne pourrait au monde avoir
Viande plus délicieuse,
Mieux cuite ne (ni) plus savoureuse ,
Loué soit le hault Dieu du bien.

Voire, repart saint Matthieu :

Voire, mais vous ne dites rien
Du vin.

A quoi un apôtre répond :

Il est très-excellent,
C'est ung vin fort et violent
Si doulx qu'il se laisse avaler.

Quand, après le miracle qui se fait à la fin du repas des noces de Cana , on sert aux convives l'eau

changée en vin, et en très-bon vin, saint Jean ne s'étant point aperçu du miracle, vient faire en secret la remontrance suivante à l'architriclin ou maître-d'hôtel (Voy. *id. f q, f 2*).

Je n'entends point votre propos
Ne (ni) l'ordre de votre service
Et n'est mémoire que je visse
Jamais servir comme vous faites
Quand on fait assemblées et festes
Pour quelque honnête et bonne fin,
On sert toujours du meilleur vin,
Qu'on puisse finer jusques à ce
Que les gens à leur suffisance
Ayent leurs estomas (estomachs) abreuvés
Et puys quand ils sont enivrés
On sert du pire vin après,
Et se fait ainsy tout exprès
Pour farder la judicative
De la langue qui est hative
A juger de ce qu'elle gouste :
Mais vous détournez l'ordre toute
Car vous avez au dernier,
Servi meilleur vin qu'au premier,
Je ne sais qui vous y a mu, etc.

On voit facilement que Michel a prêté à ses personnages son langage bas et trivial, ou plutôt les idées de son siècle; car, toutes les fois qu'il est question de repas dans le mystère, il insiste principalement sur le vin. Or, nous voyons, par les registres de Grenoble, que c'était là une des choses qu'on appréciait le plus. Il était d'usage de faire des présens aux princes, gouverneurs, généraux, etc., qui venaient ou passaient dans la ville, ou y faisaient leur entrée, ce que nos bons aïeux appellent élégamment une *venutam* ou bien une *intratam*.... Excepté pour la première entrée des rois, princes ou gouverneurs, auxquels on offrait alors un vase ou autre pièce d'argenterie, dans tous les autres cas et pour tous les autres seigneurs et généraux, le présent offert consistait toujours dans un ou plusieurs tonneaux de vin, auxquels on ajoutait parfois quelques charges d'avoine. (*Voyez-en un exemple dans nos observations sur des lettres des ducs de Guise, aux mémoires de la Société des Antiquaires*, T. IV, p. 493.)

L'influence des idées et des mœurs du 16ᵉ siècle sur Michel paraît encore mieux dans l'emploi des termes grossiers et sales, quoique non licencieux, tels que ceux de charogne, punays, vilain, vilain matin, vilain puant, vilain truant, etc., appliqués sans aucune raison et uniquement pour le plaisir de faire proférer des injures à ses personnages.

Par exemple, lorsque Simon, invité à aider Jésus dans le transport de la croix (Voy. *d. Myst.*, fᵉ N, fᵗ 8), dit qu'il aimerait mieux être pilorié ou battu,

> Que faire ce vilain office,

Un garde lui répond :

> Maistre vilain, songe malice,
> Chargez à ce coup, chargez ce faiz.

SIMON.

Je m'oppose.

UN GARDE.

Vilain punays ,
Jouez-vous de la reculoire ?
Vous aurez tant de coups infaiz
Qu'on vous cassera la machoire.

L'emploi des termes sales n'a pas non plus d'autre cause que celui des termes grossiers.

Ainsi des gardes appelant le geolier Brayaut pour lui remettre deux voleurs, et l'entendant venir , se disent (*id.*, f*c* X , f*l* 1) :

Je l'ois (entends) cracher
Vèe le cy (le voici), ou il vient , tenez.

Brayaut leur répond :

Estron , estron à votre nez :
Quel diable , venez-vous criant ?
Je n'ai pas loisir maintenant.

De même quand les gardes qui ont arrêté de nuit Jésus, heurtent à la porte d'une maison voisine pour avoir de la lumière , une femme nommée Hédroit, leur répond sans façon (*id.* f*c* E , f*c* 8).

Bran pour la belle compagnie.

L'un d'eux insiste : Hédroit , dit-il :

Hédroit, je vous prie, prestez-nous
Quelque lanterne ou quelque torche.

Vous , s'écrie alors cette femme :

> Vous chirez bien , si je vous torche ;
> Car torche n'aurez vous ni torchons
> Ne (ni) chandelle ne moucheron
> De lanterne que je vous baille , etc....

UN GARDE.

> Faulce vieille , ivroigne , barbue ,
> Vieille gaupe sempiterneuse ,
> Laide , mauvaise , orde et hideuse ,
> Nous daignez-vous faire plaisir.

HÉDROIT.

> La malle mort vous puis saisir
> Et envelopper les boyaux.

Au milieu de la seconde journée du mystère de saint Christophe (f° X , f° 3), dont l'auteur (Chevalet) a encore été plus prodigue d'expressions sales que Michel , on représente un fou et une folle arrivant sur le bord d'une rivière. La folle invite le fou (c'est son mari) à la prendre sur ses épaules pour passer l'eau : garde-toi, ajoute-t-elle,

> Garde-toi bien de répiter.

LE FOU.

> Mais te garde bien de péter
> Ainsi que tu as de coustume ;
> Car, par Dieu , s'il faut que j'en hume
> Je scay bien que nous aurons noise....

Lorsqu'il passe l'eau ainsi chargé, la folle l'encourage en lui disant,

Nous serons tantôt au milieu.

Le Fou.

Et qu'est cecy , bon gré , nait Dieu ,
Paillarde, avez-vous vescy (vessé) ?
Descendez et m'attendez cy.

Il la met alors dans l'eau ; et la folle se plaignant à grands cris , il répond :

Je vais chercher un chevau
Avez-vous fait le vent Dariau
Et vescy à votre privé ?
Vous en avez le c-l lavé
Afin que l'on y remédie.........

Il nous paraît évident que les Français du 16e siècle n'auraient pu supporter les trivialités et les grossiéretés précédentes (Voyez *aussi ci-après la note* f) , et surtout se porter de loin et en foule aux spectacles où on les débitait ou bien retraçait , si elles n'avaient pas été en harmonie avec leurs mœurs, leur langage et leurs idées, et que si, sous ce rapport, les auteurs des mystères furent excusables, jusques à un certain point, de les avoir employées, les frères Parfait ne l'ont pas été de faire l'éloge de ces anciens drames, et surtout de se récrier contre d'Assoucy ; car le passage ridicule qu'il a rapporté ne l'est pas plus que les précédens , et au moins ne renferme aucune expression sale ou scandaleuse.

Mais pourquoi , en admettant cette concordance des mœurs et des idées du 16e siècle , avec le style

et l'action de ces drames, le parlement de Paris les
défendit-il en 1548? (Voyez *ci-après la note* g.)

Selon les frères Parfait (*T. I, p.* 61), ce fut parce
que ces pièces, toutes dévotes dans leur origine,
avaient dégénéré dans la suite en un mélange mons-
trueux de moralités et de bouffonneries aussi désa-
gréables aux gens d'esprit qu'injurieux à la religion.

Leur assertion serait exacte s'ils avaient établi
que l'intercalation des bouffonneries fût postérieure
à l'année 1518, époque où François Ier confirma
les priviléges accordés aux confrères de la Passion, par
Charles VI (Voyez *id.*, *p.* 13), car on ne saurait
supposer que le roi, surtout étant alors en relation
étroite avec le pape, eût accordé des prérogatives pour des spectacles devenus licencieux et injurieux à la religion. On pourrait même soutenir qu'il
faudrait que l'intercalation fût postérieure à l'année
1535, où nous avons vu que le procureur général
du parlement et les secrétaires des autorités supé-
rieures du Dauphiné s'étaient établis les directeurs
du jeu des mystères à Grenoble, ce qu'ils n'auraient pas fait si leurs compagnies avaient désap-
prouvé les mystères à raison de leurs bouffonneries,
ou des dangers qu'ils faisaient courir à la religion (1).

(1) En effet, ils connaissaient très-bien, soit le mystère de
la passion, puisqu'on l'avait répété plusieurs fois avant leurs ré-

C'est précisément ce que les frères Parfait n'ont point établi.

D'une part, le mystère de Michel où nous avons puisé la plupart de nos citations, sans parler de celles que la décence nous a forcés d'omettre, était connu par la voie de la presse ou celle de la représentation bien antérieurement à 1518, puisqu'on en cite des éditions de 1490 (outre celle de 1507 que nous avons suivie) et des représentations données à Poitiers et à Angers dès 1486, en présence de spectateurs venus de diverses provinces de France (Voy. *d. Hist. th.,* T. I, p. 66 et 67, et T. II, p. 288; *Bouchet, d. Annal., f.* 168).

De l'autre, on convient qu'à l'égard du mystère de la passion, 1° Michel n'a fait que retoucher un ouvrage représenté en 1437 à Metz (Voy. *ci-dev. p.* ~~179~~), et que loin d'y avoir inséré des bouffonneries licencieuses, il en avait retranché les endroits qui lui avaient paru trop libres; 2° que l'ancien ouvrage ainsi rectifié avait obtenu un très-grand succès (2). (Voy. *id.,* T. II, p. 288 et 291.)

clamations contre Bucher (Voy. *ci-dev.* p. ~~175~~; soit le mystère de saint Christophe non moins abondant en passages sales ou licencieux, ou indignes de la religion (c'est en partie pour prouver que les directeurs grenoblois connaissaient la nature des anciens drames, que nous avons indiqué plusieurs de ces passages), puisque, dans leur propre ville, il avait été représenté en 1527, et imprimé en 1530.

(2) Ce succès est d'ailleurs prouvé par le grand nombre des

Il est donc faux qu'une dégénération du style des
mystères, quant à la décence, eût pu déterminer le
parlement de Paris à les défendre.

La véritable raison de la défense nous paraît être
dans les progrès des lumières dus, entre autres, à
l'expansion de l'imprimerie au 16e siècle, et dans
ceux des mœurs qui durent s'améliorer chez les catholiques, grâce soit aux lumières, soit à l'émulation
qu'excitait l'exemple des réformés dont la conduite
était fort austère, comme cela s'observe à l'origine de
toute secte.... On sentit alors que le mélange du
profane au sacré, et des farces grossières aux choses
saintes, en atténuant le respect que tout le monde doit
avoir pour la religion, tendait à affaiblir plutôt qu'à
accroître la piété, et que surtout l'emploi des expressions et le spectacle des actions licencieuses ne pouvaient que porter un coup funeste à la morale des
classes les moins éclairées du peuple.

éditions de l'ouvrage. Outre celles de 1490 et 1507, on en cite
de 1513, 1532, 1539, 1542, 1546. (*Voy. d. T. II*, p. 288,
289.)

NOTES.

a(Note renvoyée de page 26 , ligne 25).

Il suffira de citer quelques-uns des passages trop nombreux où l'on trouve une ou plusieurs de ces expressions; savoir, au mystère de la passion , 1ᵉʳ jour, feuille N, feuillets 7 et 8, fᵉ O, fᵗ 1 ; 2ᵈ jour, fᵉ O, fᵗ 6 ; fᵉ Y, fᵗ 4; 3ᵉ jour , fᵉ F, fᵗ 2 ; fᵉ G, f.ᵗ 7; 4ᵉ jour , fᵉ O, fᵗ 3 et 4......... au mystère de la résurrection, fᵗ Q, fᵗ 8... au mystère du viel testament, part. 1, f. 38, 286 et 287; part. 2 , f.ᵗˢ 15 et 18.... au mystère de saint Christophe , fᵉ T , fᵗ 1 ; fᵉ NN, fᵗ 4; fᵉ RR, fᵗ 3, etc., etc. — *Voir* aussi les passages d'anciens mystères rapportés par M. Dulaure, *Hist. de Paris*, t. 2 p. 534 et suiv.

b (Note renvoyée de p. 27, lig. 13.)

Voir au mystère de la passion , 1ᵉʳ jour, fᵉ P, fᵗ 5 ; fᵉ X, fᵗ 4 et 5 ; 3ᵉ jour , fᵉ G, fᵗˢ 7 et 8 ; fᵉ H, fᵗ 5 et 6 ; 4ᵉ jour , fᵉ K, fᵗ 4; fᵉ N, fᵉ 3 et 5; f.ᵉ O, fᵗ 5, etc. — *Voir* aussi les passages cités aux notes suivantes.

c. (Note renvoyée de pag. 27, lig. 27).

Dans la 1ʳᵉ scène citée à la page 27, Lameth fait l'éloge des douceurs de la bigamie..... Dans la 2ᵉ, ses femmes, quoique fort âgées , vont faire des propositions à des jeunes gens.... le nom de Sodome suffit pour donner une idée du sujet infâme de la 3ᵉ.... Dans la 4ᵉ, des filles publiques se réjouissent de l'avénement de Salomon, parce qu'il est jeune, et passe pour aimer les femmes.... Dans toutes les quatre le style répond très-bien à leurs sujets. — Voy. *d. Myst. viel testam.*, part. 1, fᵗˢ 36, 42, 70, 72 et 278.

(46)

Nous aurions encore pu citer, quant au même mystère, les scènes de Lia et de Jacob, des Sichimites et de Dina, de Ruben et de Bala, de Putiphar, de Samson et de Dalila, etc. — Voy. id., f.ᵍ 107, 122, 126, 166 et 228.

d. (Note renvoyée de page 28, ligne 4).

La première scène citée à la page 27, ligne 29, est remplie par divers récits des captures qu'ont faites les démons. Cerberus, entre autres, raconte la vie d'une grosse p..... paillarde qu'il a emportée.... Dans plusieurs autres scènes, le paysan ou vil-lain (c'est l'expression du mystère), Landureau, placé en faction sur une tour, manifeste, dans les termes les plus licencieux, ses craintes que sa femme ne soit violentée par des soldats; et en réalité, ses craintes ne sont pas sans fonde-ment ; car on représente sa femme cachée derrière un buis-son avec un soldat, qui, à l'approche de Landureau, dit en se retirant : — Nous ne ferons pas le surplus. — Puisque nous sommes découverts (Voy. la note suivante).... Dans une chanson débitée devant la cour de Damas, le charlatan déjà cité (Voy. p 33) invite à la débauche avec des expressions encore plus grossières que Landureau, mais auxquelles ne cèdent en rien celles des gardes qui, en plaçant la pierre sur saint Chris-tophe (Voy. ci-devant p. 33), souhaitent que tous les moines soient conformés d'une semblable façon, parce que—plusieurs maris seraient exempts — d'être souventefoys C.... etc. (Voy. d. Myst. de saint Christ., f° G, f¹ 3; f° I, f¹ 1; f° Q, f¹ 2 ; f° SS, f¹ 4.) — Quant aux autres scènes, voy. la note sui-vante.

e. (Note renvoyée de page 28, lig. dernière.)]

Il faut vraiment lire le mystère lui-même pour croire qu'on ait osé y insérer, et surtout reproduire aux yeux et faire enten-dre aux oreilles d'un grand nombre de spectateurs, des scènes

aussi infâmes ; leur montrer , dans l'une, les filles du B... se
plaignant, au milieu du jour, de n'avoir rien gagné le matin ,
et disant à des militaires qui surviennent, qu'elles sont prêtes
à combattre avec eux.... dans l'autre, la maîtresse du B... don-
nant des leçons de son métier aux mêmes filles ; celles-ci par-
lant des méthodes, des avantages et des inconvéniens de ce
métier; du danger d'avoir des relations avec des hommes
d'une trop haute taille, ou d'être atteintes de certaines maladies;
gémissant surtout de la modicité actuelle de leurs profits ,
causée par la facilité de la débauche ; car, selon elles (Voy. d.
f II , f 2), à présent ,

> Il n'y a si meschant briffault
> En la ville , c'est la manière ,
> Qui n'ait maîtresse ou chambrière ,
> Ou toutes deux à ung besoing ;
> Si ne leur fault pas aller loing
> Pour estre fourni de femelles.

En un mot, il n'est personne qui ne puisse se vanter

> D'avoir de la chair fraîche à plaisir...

D'ailleurs , les maisons semblables à la leur se sont sin-
gulièrement multipliées. Des B......., assurent-elles. —
Des B... y a plus de mille. — On en voit partoute la ville, etc.
(Voy. d. Myst. de saint Christ. , f HH , f 3 et 4; f II ,
f 1 à 4; f KK , f 1 ; f ZZ , f 1 et 2.)

On pressent que les frères Parfait, dans leur espèce d'admira-
tion pour les jeux des mystères, ont glissé sur les scènes précédentes , et c'est sans doute par inadvertance qu'ils ont rapporté une partie d'une autre scène qui s'en rapproche. Il s'agit
encore du paysan Landureau, qu'un soldat nommé Pasquelon,
et , ce qu'il y a d'étrange , un soldat récemment converti au
christianisme (Voy. d. Hist. Théât. , T. III, p. 19), presse
de remonter à son poste d'observation , sans s'occuper de ce
qui pourrait arriver à sa femme. Monte , lui dit-il ,

Monte et puis tu jouras la farce,
Et ta femme joura du... (1).

LANDUBEAU.

Je sais bien que je suis.....
Pour dire le cas tel qu'il est,
Mais je ne suis pas tout seulet ;
J'ai des compagnons plus de mille,
Autant aux champs comme à la ville...

Nous aurions observé la même réserve que les frères Parfait, si, indépendamment du motif donné à la note 1 de la p. 42,
la désignation des mêmes scènes et de celles que nous avons
déjà indiquées ne nous eût pas semblé utile pour peindre les
mœurs des siècles où les jeux des mystères étaient en vogue.

Avec quelque méfiance en effet que l'on doive lire les œu-
vres des poëtes satiriques ou comiques, vu l'exagération qui
leur est habituelle, il est impossible de supposer des mœurs
bien pures à des hommes qui se plaisaient à de tels drames; et
d'ailleurs, une foule de documens authentiques puisés dans
les archives de la ville où l'on joua et publia celui de saint
Christophe, prouvent malheureusement qu'un grand nombre
de ses spectateurs ne devaient en trouver extraordinaires ni les
tableaux ni le dialogue.

Telle ne paraît pas être néanmoins l'opinion de plusieurs
gens de lettres, et l'on conçoit que le désir de les désabuser
a dû nous enhardir encore à ne pas imiter la réserve des frères
Parfait. Au commencement d'une notice intéressante publiée
tout récemment, sur la comédie italienne au seizième siècle et
sur Goldoni, M. Moreau, après avoir observé qu'on ne doit
pas, comme beaucoup de rhéteurs français, fixer l'origine de la
bonne comédie italienne à la représentation de la *Mandragore*
de Machiavel, mais bien la reporter à celle de la *Calandria*
du cardinal Bibbiena, antérieure d'une vingtaine d'années (1),

(1) Les frères Parfait (Voy. *d.* T. III, p. 25) ne rapportent pas ces
vers, mais bien les suivans.

(2) M. Moreau (*Notice,* p. ij et vij) fixe la composition de la Ca-

ajoute : «La *Calandria* n'est guère moins obscène que la *Man-*
« *dragore* ; elle fut souvent représentée devant des souverains
« et des princesses , et n'effarouchait pas même alors les
« oreilles pontificales. La licence des mœurs qu'elle retrace ,
« le cynisme du dialogue où chaque chose est appelée par son
« nom , auraient sans doute *révolté* des Français, dont les spec-
« tacles , à peu près à la même époque , se composaient de far-
« ces grossières, de pieuses mascarades, indignes de l'atten-
« tion des gens de goût, mais où la hardiesse des expressions
« n'était pas poussée si loin. » (Voy. *Collect. des Mém. sur*
l'art dramat. , 3ᵉ *livraison* , *Paris* , 1822 , *et Mém. de* GOL-
DONI , *ibid.*, T. I.

Il est évident que si M. Moreau eût lu quelques-unes des scènes
dont nous avons essayé de donner une idée, soit quant aux sujets,
soit quant au style, dans la note actuelle et dans les précédentes , il eût bien vite changé d'avis, puisqu'il est impossible de
pousser plus loin la licence des expressions. Au reste, nous ne
présentons point cette remarque comme un reproche : il nous
paraît au contraire tout simple qu'on ait préféré l'admission
d'une supposition honorable pour nos ancêtres, à l'ennui, au
dégoût même que fait éprouver la lecture des drames étranges
dont ils faisaient leurs délices.

f (Note renvoyée de page 41 , ligne 15).

Il nous aurait été facile de citer bien d'autres passages ridicules, triviaux , ou grossiers. Par exemple : 1. Le reproche fait
par Hérodias à Hérode de ce qu'il écoute les remontrances de
saint Jean-Baptiste. — *Monseigneur , vous estes bien bête* — *de*
tant ouir ce pauvre sot..... 2. La réponse d'un des conviés à
l'architriclin du festin de Cana lorsqu'il en invite quelques-uns
à s'asseoir : *Voire , car les premiers assis* — *sont toujours les*

landria à 1490, et sa représentation à environ 1495. Il ne parle point de
l'époque précise de représentation de la Mandragore , qui, d'après l'histoire littéraire de Ginguené (T. VIII , p.,31 à 45) dut avoir lieu de
...... 515.

premiers servis. — (*Voy. d. Myst. de la passion* , 1ᵉʳ jour ,
f. O , f. 6 ; f. Q , f. 1 ; et *d. Hist. théât.* , *T. I*, *p.* 218 et
234)... 3. Les termes dont se servent saint Jean et saint Pierre,
en touchant l'âne sur lequel doit se faire l'entrée à Jérusalem.
— *Hay, avant Baudet.* — *Hay, Martin* (*Voy. id.*, 2ᵉ jour ,
f. B , f. 2) .... 4. Le colloque des diables lorsque, placés au-
dessous de l'arbre où Judas vient de se pendre, ils attendent
que son ame quitte son corps pour la saisir, et sont surpris de
ce qu'elle ne s'en échappe pas aussitôt après sa mort. —L'ame,
observe Satan, *n'est pas encore hors.* — Je m'esbahis bien
de ce cas. — Tenez , dit Astaroth, quels beaux lièvres, Judas!
— Regardez-moi, *quels grosses lipes.* — L'ame , ajoute Be-
rith, *l'ame est encor dedans ses tripes* — *qui de son ordure
s'abrève.* — *et si la pance ne lui crève.* — *Nous perdons cy
notre saison* (Voy. *id.* 4ᵉ jour , f. K , f. 4)........ 5. Les gestes
et les cris des gardes en élevant la croix , qui sont semblables
à ceux des ouvriers quand ils soulèvent un fardeau pesant. —
Amont, halle, halleboys , amont ; halle , halle , etc. (Voy.
id. 4ᵉ jour , f. O , f. 3..... 6. Le conseil donné par un officier
au prevôt (gouverneur) d'Achaïe atteint d'une colique. — *Al-
lez au retrait* (cabinet d'aisance) — *et allégé vous sentirez* (le
conseil est suivi et a quelque succès (1) ...Voy. *d. Hist. théât.*
T. II, *p.* 436, 437, où est extrait le mystère des actes des apôtres).... 7. Les noms par lesquels on désigne (gâte bois, pile
mortier et c-l éventé) des ouvriers charpentiers et maçons (Voy. *Myst. viel testam.*, f. 54)...8. Les exhortations
de Suzanne à ses suivantes de ne pas souffrir qu'on les tâte ou
baise (Voy. *id.* , part. 2, f. 28.).....9. Les farces du charlatan déjà cité (p. 33, lig. 27), qui , devant la cour de Damas
prenant sa trompette, se plaint qu'on y a mis de l'ordure , et
ajoute : C'est merde, afin que le sachiez (Voy. *Myst. Saint-
Christ.*, f. P , f. 4.)..... 10, etc. etc.

(1) Le fragment de l'ancien mystère rapporté par M. Dulaure, T. II,
p. 537, offre une scène encore plus dégoûtante (des gardes montrant leur
derrière pendant que J. C. est sur la croix).

g (Note renvoyée de page 202, lig 2).

L'arrêt est en partie dans l'*Histoire de Paris*, par M. Dulaure, T. III, p. 208, et en entier, dans l'ouvrage des frères
Parfait, T. II, p. 2.

Nous n'avons pu rechercher si la défense portée par cet arrêt, fut observée rigoureusement dans les provinces dépen-
dantes du parlement de Paris; mais il est sûr que long-temps
après, on joua encore dans d'autres provinces, au moins des
scènes détachées des mystères. Il n'y a guère plus de 15 ans que
nous en avons vu représenter une (le sacrifice d'Abraham) à
Grenoble, pendant les pauses d'une procession, et il faut ajouter que le dialogue en était conforme aux règles de la plus
stricte bienséance.

C'est surtout dans l'ancienne Flandre, à la vérité réunie fort
tard à la France, qu'on parait avoir affectionné le plus long-
temps les Mystères. Il résulte des *Recherches sur le théâtre de
la ville de Valencienne*, par M. Hécart (Paris, 1816, in-8°.),
qu'ils y furent encore joués à la fin du xvi° siècle et même dans
le xvii°, par les écoliers des collèges des Jésuites, et successivement par les pensionnaires des couvens de religieuses. Nous
lisons aussi dans l'Histoire de Lille, par l'abbé Montlinot (*Voy.*
ci-devant p. 41), qu'à l'époque à-peu-près où « Racine faisait
« paraître Athalie, on représentait à la procession de cette ville,
« par des mascarades tout au moins indécentes, le triomphe de
« la Vierge, le paradis, l'enfer, etc. » Enfin, M. Bottin a un
programme imprimé de représentations bien plus récentes,
dont voici le titre : « la Passion de N.-S. J.-C., tragédie en
« quatre actes, dédiée à C. P. Watclet de Messange, maire de
« Nieppe... (dép. du Nord) et à P. J. Delbecque, commis-
« saire de police... sera représentée par une compagnie de jeu-
« nesse, au cabaret de Ralleobeau, à Nieppe... les dimanches
« et fêtes après vêpres, du 13 avril jusqu'à la fin de septembre
« 1806... »

Mais il est probable que le dialogue de ces drames était comme à Grenoble, conforme aux règles de la bienséance, puisqu'on lit dans un manuscrit des archives de Lille, la note suivante dont nous devons aussi la communication à M. Bottin « L'an « 1599, le jour de Pâques, en l'église de saint-Pierre de Lille, « ne fut point fait le jeu de la résurrection, lequel se jouait de « long-temps ; ledit jeu fut mis jus et anechilde (*mis au néant*) « du tout pour les insolences qu'on y faisait.»

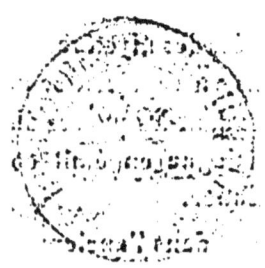

FIN.

www.ingramcontent.com/pod-product-compliance
Lightning Source LLC
Chambersburg PA
CBHW071440220526
45469CB00004B/1612